COLLECTION MAGELLAN

SOPHIE LE CALLENNEC

CM2

Mon cahier de trace écrite

Histoire
et histoire des arts

Géographie

Enseignement moral et civique

Je m'appelle :

Je suis en classe de :

Hatier

Histoire

Géographie

Enseignement moral et civique

Illustrations : Sophie Beaujard, Hung Ho Thanh, Isa Python, Anne Teuf

Crédit iconographique : 2-g ph © Science Photo Library/Akg-Images, 2-d ph © Akg-Images, 3 © Musée Gadagne – Lyon, 13 Coll. CL/Kharbine-Tapabor, 26 ph © Akg-Images, 32 © danleap/iStockphoto, 35 © Ashva73/iStockphoto, 45 Extraits issus du Géoportail - © IGN - 2019, 46 ph © Philippe Turpin/Photononstop, 67 Prix « Mobilisons-nous contre le harcèlement » Affiche du lauréat catégorie primaire - © Académie de Toulouse, 71 ph © Shutterstock, 72 ph © Bulloz/RMN-Grand Palais, 73 ph © Josse/Leemage, 84 ph © BoskoJr/iStockphoto

1 ÉNERGIE ET MACHINES AU XIXe SIÈCLE

1800 1810 1820 1830 1840 1850 1860 1870 1880 1890 1900 1910 1920 1930 1940 1950 1960 1970 1980 1990 2000 2010

A La machine à vapeur et la naissance de l'industrie

- La machine à vapeur : ______________________________

____

- La machine à vapeur a permis de développer l'industrie, car ______________________________

____

____

- Les énergies utilisées au XIXe siècle : ______________________________

B La révolution des transports

Les nouvelles énergies ont également permis de créer de nouveaux moyens de transport :

le ______________________________

le ______________________________

l' ______________________________

l' ______________________________

l' ______________________________

VOCABULAIRE

le charbon : une matière noire que l'on trouve dans le sol et qui sert d'énergie.
l'industrie : l'ensemble des activités qui permettent de fabriquer des produits en grande quantité.
un industriel : une personne qui dirige une usine.
les marchandises : les produits que l'on achète et que l'on vend.
une usine : un atelier dans lequel on fabrique des objets en grande quantité, à l'aide de machines.

2 TRAVAILLER À LA MINE AU XIXe SIÈCLE

1800 1810 1820 1830 1840 1850 1860 1870 1880 1890 1900 1910 1920 1930 1940 1950 1960 1970 1980 1990 2000 2010

A Le travail et les dangers de la mine

- Le travail des hommes : ....

....

- Le travail des femmes et des enfants : ....

....

- Le temps de travail : ....

....

- Les conditions de travail : ....

....

- Les dangers : ....

....

B La vie des mineurs

- L'argent : ....
- Les habitations : ....

....

- Les repas : ....
- Les enfants : ....

....

....

VOCABULAIRE

une mine : un trou, des galeries creusées dans le sol, d'où l'on extrait du charbon ou des métaux.

3 Travailler à l'atelier au XIXe siècle

A L'atelier familial

- Lieu : ……………………
- Ceux qui y travaillent : ……………………
- Le temps de travail : ……………………
- L'argent : ……………………

B L'atelier industriel

- Certains patrons ont créé des ateliers industriels : ……………………

4 Travailler à l'usine au XIXe siècle

1800 1810 1820 1830 1840 1850 1860 1870 1880 1890 1900 1910 1920 1930 1940 1950 1960 1970 1980 1990 2000 2010

A Le travail à l'usine

- Le travail : ……………………………………………

……………………………………………

- Le temps de travail : ……………………………………………

……………………………………………

- Les dangers : ……………………………………………

……………………………………………

B La vie des ouvrières et des ouvriers

- Quelques indices de la misère des ouvrières et des ouvriers de l'époque : ……………………………………………

……………………………………………

……………………………………………

……………………………………………

- En cas de maladie, d'accident, de chômage ou de vieillesse : ……………………………………………

……………………………………………

C Des progrès

- Le principal moyen utilisé par les ouvrières et les ouvriers pour obtenir de meilleures conditions de travail et de meilleures conditions de vie : ……………………………………………

- Ce que les ouvrières et les ouvriers ont obtenu au XIXe siècle : ……………………………………………

……………………………………………

……………………………………………

……………………………………………

VOCABULAIRE

la grève : l'arrêt du travail par un groupe de travailleurs et de travailleuses pour obtenir de meilleures conditions de travail, de meilleurs salaires…

5 L'ARCHITECTURE INDUSTRIELLE AU XIXe SIÈCLE

1800 1810 1820 1830 1840 1850 1860 1870 1880 1890 1900 1910 1920 1930 1940 1950 1960 1970 1980 1990 2000 2010

A Les usines

- Au XIXe siècle, on a construit de nombreuses usines.
- Leur architecture : ____________________

____

____

____

- Je connais une ancienne usine à ____________________

____

Elle s'appelle ____________________

Elle fabriquait ____________________

- Elle est [à l'abandon] [toujours en activité] [détruite] [en cours de restauration] [restaurée].

____

____

B Les gares

- Au XIXe siècle, on a construit des gares pour les voyageurs qui prenaient le train.
- Leur architecture : ____________________

____

- Je connais une ancienne gare : ____________________

Elle se trouve ____________________

De nos jours, ____________________

6 TRAVAILLER DANS UN GRAND MAGASIN AU XIXe SIÈCLE

1800 1810 1820 1830 1840 1850 1860 1870 1880 1890 1900 1910 1920 1930 1940 1950 1960 1970 1980 1990 2000 2010

A Les grands magasins

	les petites boutiques	les grands magasins
les marchandises	une seule sorte d'articles	toutes sortes d'articles, par exemple : ________
les prix	les marchandises sont chères, les clients négocient les prix	________
les clients et les vendeurs	les clients ne touchent à rien, les vendeurs les servent	les clients ________ les vendeurs ________

B Les vendeuses dans les grands magasins

Le métier de vendeuse dans les grands magasins avait :

- des avantages : ________
- des contraintes : ________
- des inconvénients : ________

7 La croissance urbaine et la ville industrielle au XIXe siècle

1800 1810 1820 1830 1840 1850 1860 1870 1880 1890 1900 1910 1920 1930 1940 1950 1960 1970 1980 1990 2000 2010

A La croissance urbaine

- Au XIXe siècle, les villes se sont agrandies

à cause ______________________________

____

- De nouveaux quartiers sont apparus :

____

VOCABULAIRE

la banlieue : les quartiers autour d'une ville.
les égouts : le réseau par lequel on évacue les eaux sales.
l'exode rural : le départ des populations des campagnes vers les villes, à la recherche de meilleures conditions de vie.
insalubre : mauvais pour la santé.
un omnibus : un véhicule qui transporte des voyageurs en s'arrêtant dans de nombreux endroits.
rénover : remettre à neuf.

B Des villes transformées

au début du XIXe siècle	à la fin du XIXe siècle
des quartiers insalubres	les anciens quartiers détruits ou ______
des maisons minuscules	______
des ruelles étroites	______
les piétons sur la rue	______
circulation à pied ou à cheval	des transports en commun : ______
les déchets dans la rue	______
pas d'eau potable	______
les eaux sales dans la rue	______
les rues sombres la nuit	______
des villes peu agréables	______

8 9 Les grands travaux de Paris

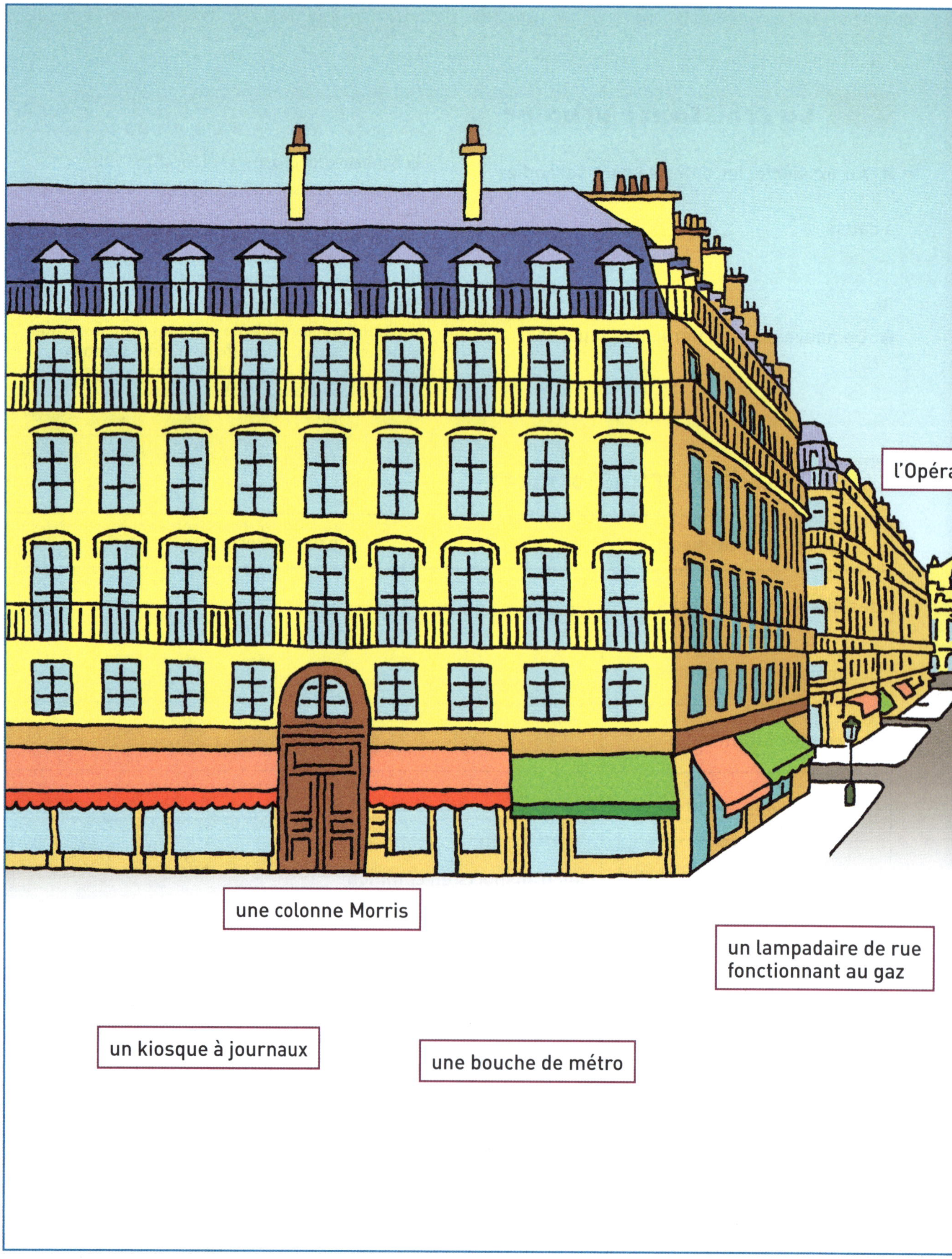

ET LE MOBILIER URBAIN AU XIXe SIÈCLE

10 Le monde rural à l'âge industriel

1800 1810 1820 1830 1840 1850 1860 1870 1880 1890 1900 1910 1920 1930 1940 1950 1960 1970 1980 1990 2000 2010

A Le travail aux champs

les paysannes et les paysans	les riches fermières et les riches fermiers
ils travaillent à la main ou avec des outils simples	....
le travail est pénible	....
ils sont pauvres	....

B La vie au village

- Les paysannes et les paysans se retrouvaient au village pour ....

....

....

C L'exode rural au XIXe siècle

Progrès de la médecine et de l'hygiène → La population est mieux soignée

La population est plus nombreuse

La population vit plus longtemps

Dans les campagnes, il n'y a pas assez de terres à cultiver

Une partie de la population rurale quitte la campagne : c'est l'exode rural

VOCABULAIRE

ferrer un cheval : lui clouer un fer sous le sabot pour empêcher qu'il s'use.

l'hygiène : les règles de propreté à respecter pour être en bonne santé.

la messe : la cérémonie à laquelle les catholiques participent, notamment le dimanche et les jours de fêtes religieuses.

11 Le monde paysan vu par les peintres au XIXe siècle

1800 1810 1820 1830 1840 1850 1860 1870 1880 1890 1900 1910 1920 1930 1940 1950 1960 1970 1980 1990 2000 2010

Je choisis une œuvre

- Artiste : ______________________________
- Titre du tableau : ______________________________
- Date : ______________________________
- Il représente : ______________________________

____

____

- Ce que je pense de ce tableau : ______________________________

____

____

12 Les héritages de l'âge industriel

1800 1810 1820 1830 1840 1850 1860 1870 1880 1890 1900 1910 1920 1930 1940 1950 1960 1970 1980 1990 2000 2010

A Les héritages dans notre manière de vivre

- De nos jours, la plupart des Français vivent [en ville] [à la campagne]
- Depuis le XIXe siècle, de nouveaux métiers sont apparus : ……………………………………
- La consommation s'est transformée au XIXe siècle : ……………………………………

B La question du développement durable

- Au XIXe siècle, on pensait que les ressources étaient illimitées : ……………………………………
- Au XIXe siècle, on croyait aussi que la pollution disparaîtrait d'elle-même : ……………………………………
- De nos jours, ……………………………………

13 1892 : LA RÉPUBLIQUE FÊTE SES CENT ANS

1800	1810	1820	1830	1840	1850	1860	1870	1880	1890	1900	1910	1920	1930	1940	1950	1960	1970	1980	1990	2000	2010

La République en France

- La Première République a été proclamée en ____________
Elle a pris fin avec ____________
____
____
- La Seconde République date de ____________
Elle n'a duré que ____________
- Au XIXe siècle, la France a changé plusieurs fois de régime politique.
- La France est une république depuis ____________
- Actuellement, c'est la ____________

VOCABULAIRE

un centenaire : un anniversaire de 100 ans.
démocratique : qualifie un État dans lequel le pouvoir appartient au peuple, qui s'exprime par le vote.
un régime politique : la manière dont est organisé le pouvoir dans un pays.

14 Les symboles républicains

1800 1810 1820 1830 1840 1850 1860 1870 1880 1890 1900 1910 1920 1930 1940 1950 1960 1970 1980 1990 2000 2010

■ La Révolution française puis la République au XIXe siècle ont adopté les grands symboles républicains que nous utilisons encore de nos jours.

A Le drapeau tricolore

■ Le drapeau français est ______________________________

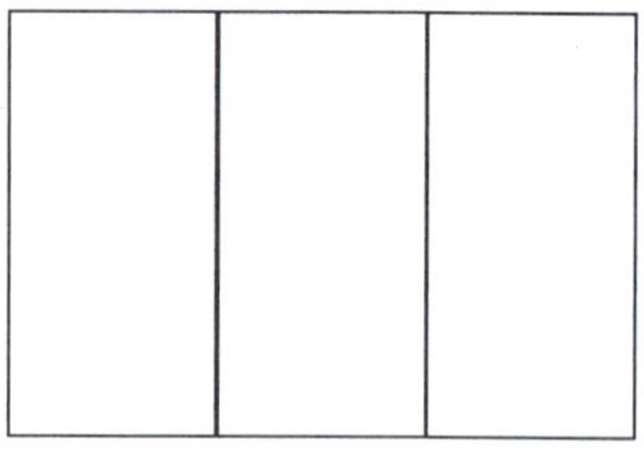

B La fête nationale

■ La fête nationale a lieu le ______________________________

C La devise

■ La devise de la France est :

____

____

D Marianne

■ La République française est représentée sous les traits d'une femme : ______________

E L'hymne national

■ L'hymne national s'appelle

____

Allons ! Enfants ______________________
Le jour de ______________ est arrivé !
Contre nous de la tyrannie,
L'étendard sanglant est levé ! (Bis)
Entendez-vous dans les ______________________
Mugir ces féroces soldats ?
Ils viennent jusque dans vos bras
Égorger vos fils, vos compagnes !
Aux armes, ______________________
Formez vos ______________________
____
Qu'un sang impur…
Abreuve nos sillons !

Rouget de Lisle, *La Marseillaise*, 1792

VOCABULAIRE

une devise : quelques mots ou une phrase qui expriment une pensée, un idéal de vie.
un hymne : un chant, un poème à la gloire d'une idée, d'une personne ou d'un pays.

15 L'ÉCOLE PRIMAIRE GRATUITE, LAÏQUE ET OBLIGATOIRE

1800 1810 1820 1830 1840 1850 1860 1870 1880 1890 1900 1910 1920 1930 1940 1950 1960 1970 1980 1990 2000 2010

A Avant l'école obligatoire

- Autrefois, la plupart des enfants travaillaient : ____________________

____

- Cause du travail des enfants : ____________________

____

- Conséquence du travail des enfants : ____________________

____

____

B 1881-1882

- Les lois de 1881-1882 ont été faites par ____________________

____

- L'école est devenue ____________________ pour que les enfants pauvres puissent y aller.

- L'école est devenue ____________________ pour que tous les enfants, quelle que soit leur religion, puissent y aller.

- L'école est devenue ____________________ pour que tous les enfants aient la chance d'apprendre et puissent choisir leur avenir.

VOCABULAIRE

une école privée : une école qui appartient à une personne, à une église.

une école publique : une école qui appartient à la population, qui dépend de l'État, de la région, du département ou de la commune.

l'instruction : l'enseignement, à l'école ou à la maison.

laïc, laïque : indépendant des religions.

16 L'ÉCOLE PRIMAIRE AU TEMPS DE JULES FERRY

1800 1810 1820 1830 1840 1850 1860 1870 1880 1890 1900 1910 1920 1930 1940 1950 1960 1970 1980 1990 2000 2010

L'école de Jule Ferry et la mienne

	au temps de Jules Ferry	de nos jours
les élèves	les garçons et les filles étaient dans des écoles différentes	____________ ____________
la tenue	les élèves portaient ____________	les élèves ne portent pas de tablier
le matériel	– les élèves écrivaient avec des ____________ – les professeurs écrivaient sur un tableau noir	– les élèves écrivent avec des stylos – le professeur écrit sur ____________ ____________
les matières	– les élèves apprenaient à lire, écrire et compter – ils faisaient de la gymnastique, de l'histoire, de la géographie et de l'enseignement moral et civique – les garçons faisaient des exercices militaires, les filles apprenaient la couture	– les élèves apprennent à lire, écrire et compter – ils font de ____________ ____________ ____________ – ____________ ____________
la discipline	les maîtres et les maîtresses étaient très sévères, ils pouvaient frapper ou humilier les élèves	les maîtres et les maîtresses sont plus ou moins sévères mais ____________ ____________ ____________ ____________

17 LA RÉPUBLIQUE ET LES LIBERTÉS

1800 1810 1820 1830 1840 1850 1860 1870 1880 1890 1900 1910 1920 1930 1940 1950 1960 1970 1980 1990 2000 2010

A L'abolition de l'esclavage

- Avant 1848, des hommes, des femmes et des enfants étaient en esclavage dans les colonies :

____

____

____

- En ________, la Seconde République a aboli l'esclavage.

B Des libertés importantes

Au XIXe siècle, des lois ont accordé des libertés importantes aux Français :

- la liberté de penser : ______________________________

____

- la liberté d'expression : ______________________________

____

- la liberté de se réunir, en particulier la liberté de créer ______________________________

____

C La laïcité

- En ________, une loi a séparé les Églises et l'État : la France est devenue une république laïque.
- Chacun est libre ______________________________

____

____

- L'État ne soutient aucune religion.

VOCABULAIRE

l'abolition : la suppression, l'interdiction, la fin.
une association : un groupe reconnu de personnes qui agissent ensemble dans un même but.
une colonie : un territoire dominé par un pays lointain.
un syndicat : une association de travailleurs qui défendent leurs intérêts communs.

18 La République et l'égalité ?

1800 1810 1820 1830 1840 1850 1860 1870 1880 1890 1900 1910 1920 1930 1940 1950 1960 1970 1980 1990 2000 2010

A Le droit de vote pour les hommes

VOCABULAIRE

un salaire : le paiement que reçoit une personne qui travaille dans une usine ou une entreprise.

le suffrage : le vote.

le suffrage universel : le droit de vote accordé à tous les citoyens d'un pays.

- Après la Révolution française, seuls les hommes ______ avaient le droit de voter.
- En 1848, une loi a accordé le droit de vote aux ______

B Quels droits pour les femmes ?

Les hommes vers 1900	Les femmes vers 1900
les hommes dirigeaient la société	les femmes étaient traitées comme ______ ______
les hommes étaient libres	les femmes devaient obéir ______ ______
les hommes utilisaient librement leur argent	les femmes ______ ______
les hommes pouvaient demander le divorce	les femmes ______ ______
les garçons allaient à l'école puis pouvaient faire des études	les filles allaient à l'école mais ______ ______
les hommes avaient le droit de vote	les femmes ______ ______
les salaires des ouvriers n'étaient pas élevés	les salaires des ouvrières ______ ______

19 L'HÉRITAGE DE LA RÉPUBLIQUE : LES DROITS ET LES DEVOIRS

1800 1810 1820 1830 1840 1850 1860 1870 1880 1890 1900 1910 1920 1930 1940 1950 1960 1970 1980 1990 2000 2010

La République nous donne des droits et des devoirs

Ce qui a changé avec la République	nos droits	nos devoirs
l'école est gratuite, laïque et obligatoire		
la devise de la République contient le mot LIBERTÉ	nous avons des libertés, par exemple	
la devise de la République contient le mot ÉGALITÉ		
la France est un État laïc		
le suffrage est universel		

20 LES TRACES DE DEUX GUERRES MONDIALES

1800 1810 1820 1830 1840 1850 1860 1870 1880 1890 1900 1910 1920 1930 1940 1950 1960 1970 1980 1990 2000 2010

A Dans mon village, mon quartier

- Il y a une rue, une avenue ou une place qui rappelle l'une des deux guerres mondiales :

8 mai	11 novembre	18 juin
anciens combattants	général Leclerc	général de Gaulle

- Il y a une plaque commémorative sur laquelle on peut lire : ……

- Il y a d'autres traces des guerres : ……

B Dans le calendrier

- Le 11 novembre est férié parce que ……

- Le 8 mai est férié parce que ……

21 La première Guerre mondiale (1914-1918)

1800 1810 1820 1830 1840 1850 1860 1870 1880 1890 1900 1910 1920 1930 1940 1950 1960 1970 1980 1990 2000 2010

A Une guerre mondiale

☐ La France et ses alliés : ______________________

____

____

☐ ______________________ et ses alliés.

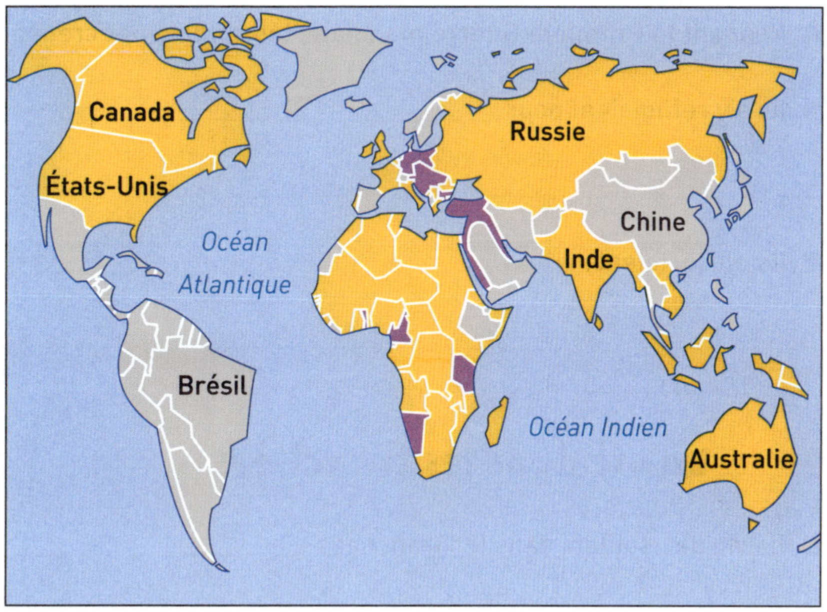

B Une guerre totale

- Pendant la Première Guerre mondiale, on s'est battu sur la terre, mais aussi ______________________

____

____

- On a utilisé de nouvelles armes : ______________________

____

- Toute la population était occupée par la guerre : ______________________

____

C La fin de la guerre

- L'armistice a été signé le ______________________

____

VOCABULAIRE

un allié : une personne, un pays qui a une alliance avec une autre personne ou un autre pays et le soutient.

un armistice : un accord entre des ennemis pour arrêter les combats.

un bombardement : le lancement d'un grand nombre de bombes sur un lieu.

les civils : la population, par opposition aux soldats.

une mine : un engin explosif qui se déclenche quand on marche ou roule dessus.

22 La première guerre mondiale : les soldats dans les tranchées

1800 1810 1820 1830 1840 1850 1860 1870 1880 1890 1900 1910 1920 1930 1940 1950 1960 1970 1980 1990 2000 2010

A Les combats

- Pendant la Première Guerre mondiale, les soldats ont creusé ________________
- Ils s'y réfugiaient pour ________________

____

- Ils en sortaient ________________

____

B La vie dans les tranchées

- La vie des soldats dans les tranchées : ________________

____

____

____

____

____

23 Les conséquences de la Première Guerre mondiale

1800 1810 1820 1830 1840 1850 1860 1870 1880 1890 1900 1910 1920 1930 1940 1950 1960 1970 1980 1990 2000 2010

A La guerre « moderne »

- Pendant la Première Guerre mondiale, on a utilisé des armes de plus en plus terribles :

____

____

B La dernière guerre de l'histoire ?

- On appelle la Première Guerre mondiale la « Grande Guerre » car ______________________________

____

- Elle a profondément marqué l'opinion publique ______________________________

____

- Tous pensaient que cette guerre serait la dernière guerre de l'histoire car ______________________________

____

____

24 La naissance de l'art moderne

1800 1810 1820 1830 1840 1850 1860 1870 1880 1890 1900 1910 1920 1930 1940 1950 1960 1970 1980 1990 2000 2010

A Les arts modernes

- La peinture et la sculpture : au XXe siècle, ...

- La chanson : ....

- Le cinéma : ....

B Je choisis une œuvre

- Artiste : ....
- Titre de l'œuvre : ....
- Date : ....
- On y voit : ....

- Ce que je pense de cette œuvre : ....

VOCABULAIRE

l'art abstrait : l'art qui ne représente pas le monde réel.

un art populaire : un art qui plaît au plus grand nombre de personnes.

25 La deuxième guerre mondiale (1939-1945)

1800 1810 1820 1830 1840 1850 1860 1870 1880 1890 1900 1910 1920 1930 1940 1950 1960 1970 1980 1990 2000 2010

A Les deux camps au début de la guerre

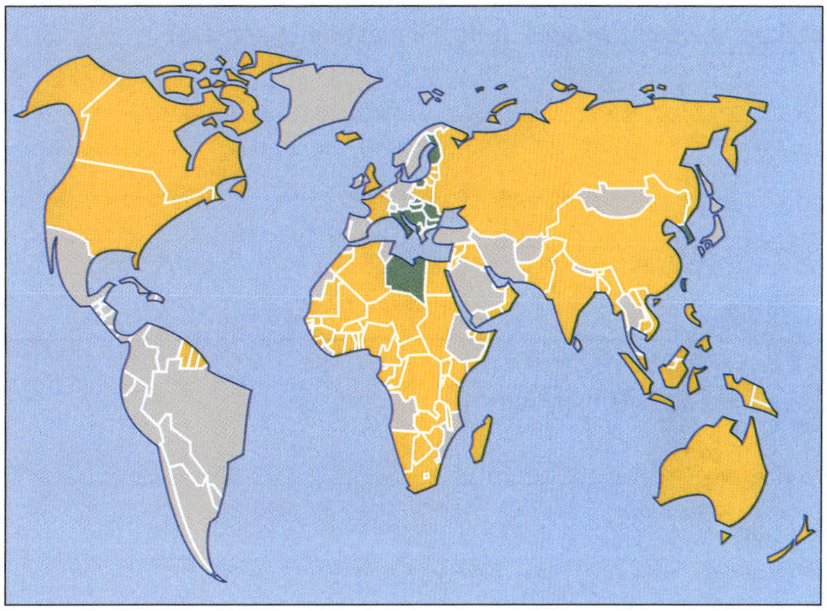

Les Alliés : la France,

Leurs principaux adversaires :

et

B Les grandes étapes de la guerre

- Au début de la guerre, les Allemands et les Japonais ont remporté d'importantes victoires et
- À partir de 1943,
- En 1944,
- L'Allemagne a capitulé le
- Les Japonais ont capitulé en août 1945, après

VOCABULAIRE

les Alliés : pendant la Deuxième Guerre mondiale, les Britanniques, les Américains et les Soviétiques.

nazi : favorable au parti politique fondé par Hitler, dont le programme était raciste et guerrier.

les Soviétiques : les habitants de l'URSS.

l'URSS : la Russie et les territoires qu'elle dominait en Europe, au XXe siècle.

26 Le génocide des Juifs et des Tziganes

1800 1810 1820 1830 1840 1850 1860 1870 1880 1890 1900 1910 1920 1930 1940 1950 1960 1970 1980 1990 2000 2010

A L'antisémitisme

- Les nazis ont mis les Juifs à l'écart de la société : ....

....

....

....

Anne Frank ....

....

....

....

....

VOCABULAIRE

l'antisémitisme : l'hostilité envers les Juifs.
un camp de concentration : un camp où l'on enferme des personnes et les soumet à des mauvais traitements.
déporter : envoyer dans un camp de prisonniers.
exterminer : tuer de manière systématique.
un génocide : l'extermination d'un groupe de personnes du fait de leurs origines ou de leur religion.
une rafle : l'arrestation de nombreuses personnes en un même lieu.

B Le génocide

- Partout en Europe, les nazis ont arrêté les Juifs et les Tziganes et les ont déportés dans des

....

- Plus tard, ils les ont exterminés ....

....

- Ce génocide a causé la mort de ....

....

27 LA FRANCE DANS LA DEUXIÈME GUERRE MONDIALE

1800 1810 1820 1830 1840 1850 1860 1870 1880 1890 1900 1910 1920 1930 1940 1950 1960 1970 1980 1990 2000 2010

A L'Occupation

La zone occupée	La « zone libre »
C'est la moitié ____ du pays. Elle était contrôlée par ____ 	C'est la moitié ____ du pays. Elle était dirigée de manière autoritaire par ____ 
Les habitants avaient peur ____	Les habitants avaient peur ____
Les Juifs étaient arrêtés et déportés par ____	Les Juifs étaient arrêtés et livrés aux nazis par ____
La vie était difficile parce que ____	La vie était difficile parce que ____

VOCABULAIRE

la Collaboration : l'aide que la France a apportée aux nazis pendant la Deuxième Guerre mondiale.

une exécution : la mise à mort d'une personne.

l'Occupation : le contrôle de la France par les nazis pendant la Deuxième Guerre mondiale.

la Résistance : l'action clandestine et armée des Français qui, pendant la Deuxième Guerre mondiale, ont continué le combat contre les nazis.

un·e résistant·e : un membre de la Résistance.

B La Résistance

- Certains Français ont organisé la Résistance pour ____
- Ils ____
- Leur action a été coordonnée par ____

et par ____

28 Les conséquences de la Deuxième Guerre mondiale

1800 1810 1820 1830 1840 1850 1860 1870 1880 1890 1900 1910 1920 1930 1940 1950 1960 1970 1980 1990 2000 2010

A Le traumatisme

- La Deuxième Guerre mondiale a fait ____________________ de morts.
- Le monde a été horrifié par ____________________

____

- Après la guerre, des tribunaux ont défini que le génocide des Juifs et des Tziganes était un « crime ____________________

B La paix

- Après la guerre, les pays du monde ont fondé l'ONU : ____________________

____

- Son objectif : ____________________

____

En 1948, l'ONU a adopté la Déclaration ____________________

- Article 1. Tous les êtres humains naissent ____________ et ____________ en dignité et en droits.
- Cette déclaration concerne tous les êtres humains dans le monde : les ____________ et les ____________, toutes les personnes quelles que soient leur origine, leur opinion, leur religion, leur richesse...

29 La construction européenne : bâtir la paix

1800 1810 1820 1830 1840 1850 1860 1870 1880 1890 1900 1910 1920 1930 1940 1950 1960 1970 1980 1990 2000 2010

La CEE puis l'Union européenne

- Objectif : ____________________

- Les deux grands pays fondateurs : ____________________

____

- Les étapes :

  – 19____ : création de la CEE

  – ______ : transformation de la CEE en Union européenne

- Nombre de pays membres : ____

VOCABULAIRE

la citoyenneté : le fait d'être citoyen, d'avoir des droits et des devoirs envers son pays ou envers l'Union européenne.

la nationalité : le lien entre un individu et sa patrie, son pays.

partisan·e : favorable à.

se réconcilier : s'entendre à nouveau après une dispute, un conflit.

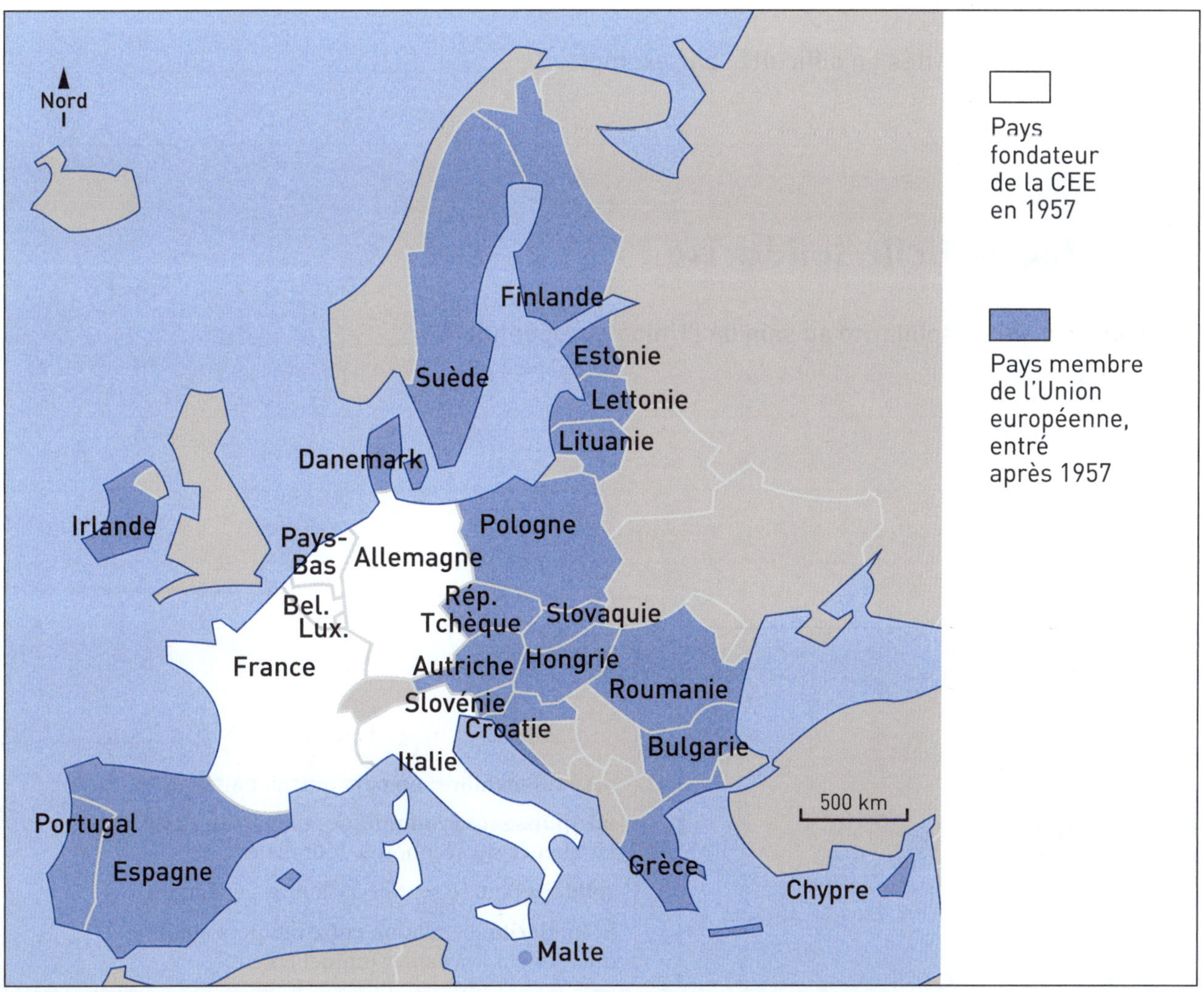

30 LA CONSTRUCTION EUROPÉENNE : DÉVELOPPER L'ÉCONOMIE

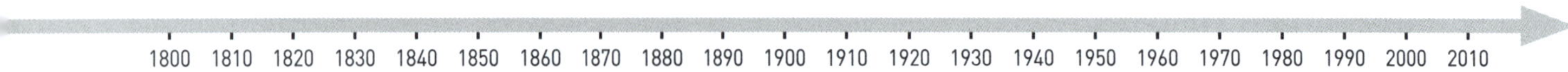

A Un marché unique

- L'Union européenne est un « marché unique » : ....

....

....

- Depuis 2002, ces échanges sont facilités par la monnaie unique : ....

B Une politique commune

- De grands projets communs : par exemple, ...

....

- Des aides aux activités en difficulté : par exemple, ...

....

C Une difficile solidarité

- Le principe de la solidarité au sein de l'Union européenne : ....

....

....

....

VOCABULAIRE

un pays membre : un pays qui fait partie.

une puissance économique : un pays qui a de l'influence sur l'économie mondiale.

solidaire : qui se sent lié à d'autres personnes.

la solidarité : la relation entre des personnes qui les pousse à s'aider mutuellement.

31 La place des femmes dans la société française au XXe siècle

1800 1810 1820 1830 1840 1850 1860 1870 1880 1890 1900 1910 1920 1930 1940 1950 1960 1970 1980 1990 2000 2010

Le XXe siècle

Au début du XXe siècle	Au XXe siècle	Les progrès qu'il reste à faire
Les femmes ne pouvaient pas travailler sans l'accord de leur mari.	De nos jours, ______	______
Tous les hommes avaient le droit de voter.	Les femmes votent depuis ______	Il faudrait davantage de femmes ______
Les femmes portaient des jupes longues et les cheveux attachés.	______	Il y a encore trop de commentaires sur la manière dont les femmes s'habillent.
Les femmes devaient obéir à leur père ou à leur mari.	______	Beaucoup de femmes sont encore victimes de l'autorité et de la violence de certains hommes.
Les femmes ne pouvaient ni faire du sport ni conduire une voiture.	______	

VOCABULAIRE

le suffrage universel : le droit de vote pour toutes les citoyennes et tous les citoyens.

32 À QUELLE OCCASION JE ME DÉPLACE ?

A Mes déplacements réguliers

- Dans la semaine, je vais chaque jour [à l'école] [à la maison] [à la boulangerie] [au champ] [chez la nounou] [promener le chien] [au travail de mes parents] [en forêt] [acheter du lait] [ailleurs : ______________________________]

- Le mercredi, je vais ______________________________

____

- Le samedi, je vais ______________________________

____

____

- Le dimanche, je vais ______________________________

____

B Mes déplacements occasionnels

- Pour faire des courses, il m'arrive d'aller ______________________________

____

- Pour me soigner, il m'arrive d'aller ______________________________

____

- Pendant les vacances, il m'arrive d'aller ______________________________

____

- Il m'arrive de rendre visite ______________________________

qui habite(nt) ______________________________

33 Se déplacer en ville

A Comment se déplacer en ville

	Je l'utilise pour...	j'aime bien parce que	je n'aime pas parce que
à pied à vélo en rollers en trottinette			
en transports en commun : bus car métro tramway			
en voiture			

VOCABULAIRE

les heures de pointe : les moments de la journée (le matin et le soir), en semaine, où de nombreuses personnes se déplacent pour se rendre à leur travail ou à leur domicile.

34 Se déplacer avec un plan des transports en commun

J'utilise un plan des transports

- Pour aller de ______________________ à ______________________
- Je prends : le bus | le car | le métro | le tramway | le train régional
- Je vais à la station ______________________

et je prends la ligne ______________ en direction de ______________________

- Je change à ______________________

et je prends la ligne ______________________

et je prends la ligne ______________ en direction de ______________________

____

____

- Je descends à ______________________

et ______________________

35 Une ville aménagée pour les transports

A Dans mon village, mon quartier, il y a...

- Il y a [des routes] [des rues] [des trottoirs] [des vélos partagés]

des places de stationnement [gratuites] [payantes] [un parking]

[un feu tricolore] [un panneau stop] [un panneau de limitation de vitesse]

[une piste cyclable] [une voie réservée aux bus] [une voie de tramway] [un arrêt de bus]

[une borne de recharge pour les véhicules électriques] [un tunnel] [un pont]

____

____

B On fait des travaux

- En ce moment, il y a des travaux pour ______________________________

____

____

____

- On creuse le sous-sol pour ______________________________

____

____

____

____

VOCABULAIRE

aménager : organiser pour qu'on puisse facilement utiliser.

la chaussée : la partie de la route ou de la rue sur laquelle les véhicules roulent.

36 Se déplacer en zone rurale

A Du chemin à parcourir

■ À la campagne comme à la ville, on a besoin de se déplacer pour ____________________

____

____

■ À la campagne, à la différence de la ville, les distances à parcourir sont ____________

____

B Les moyens de transport

■ À la campagne, le moyen de transport le plus pratique est ____________________

car ____

____

■ Les avantages de ce mode de transport : [il permet d'aller partout] [il ne pollue pas] [il consomme peu d'énergie] [on peut transporter des choses lourdes] [il est rapide] [il est pratique] [il nous emmène directement à l'endroit voulu] [les accidents sont rares]

■ Les inconvénients de ce mode de transport : [il coûte cher] [il faut un parking] [il est dangereux] [il y a des embouteillages] [il faut aller à la gare] [il pollue beaucoup] [il est dangereux]

■ Pour ceux qui n'ont pas de voiture, il y a ____________________

____

____

____

VOCABULAIRE

un bus de proximité : un autobus ou un car qui permet de circuler dans l'espace proche.
un commerce itinérant : un magasin qui est installé dans une camionnette et qui se déplace.
la mobilité : le fait de se déplacer.
les ruraux : les personnes qui habitent la campagne.

37 Se déplacer de ville en ville par la route

A Des raisons de se déplacer

- Je peux avoir besoin d'aller dans une autre ville pour ______________________________

____

B La voiture, mode de transport préféré des Français

- Les avantages de la voiture : ______________________________

____

____

- Les inconvénients de la voiture : ______________________________

____

____

- Le covoiturage______________________________

____

C Le réseau routier français

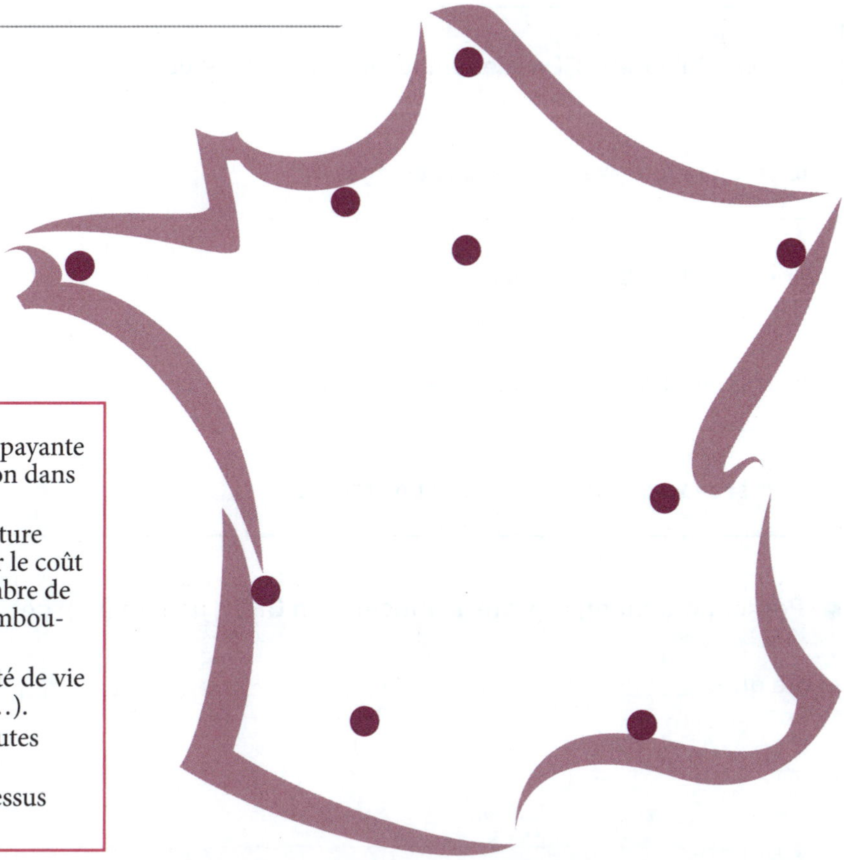

VOCABULAIRE

une autoroute : une route rapide et payante comportant 2 à 4 voies de circulation dans chaque sens.
le covoiturage : le partage d'une voiture pour des trajets, de façon à partager le coût des transports et à diminuer le nombre de véhicules en circulation, donc les embouteillages et la pollution.
les nuisances : ce qui nuit à la qualité de vie (par exemple, le bruit, la pollution…).
le réseau routier : l'ensemble des routes d'un pays.
un viaduc : un pont très élevé au-dessus d'un cours d'eau ou d'une vallée.

38 TROUVER SON ITINÉRAIRE AVEC UN GPS, UN SITE INTERNET OU UNE CARTE ROUTIÈRE

Trouver son chemin

Je peux	avec un GPS	avec Internet	avec une carte
savoir où je me trouve			
trouver l'itinéraire le plus rapide			
trouver l'itinéraire le plus court			
trouver un itinéraire sans autoroute			
savoir précisément à quelle heure je dois partir			
savoir précisément à quelle heure je vais arriver			
savoir s'il y aura des embouteillages			
changer d'itinéraire s'il y a des embouteillages imprévus			
choisir une route avec des beaux paysages			
voir s'il y a de belles choses à visiter en chemin			
savoir si on va passer par une ville que j'aime			
savoir si on va passer au-dessus d'une rivière			

■ Personnellement, je préfère utiliser : un GPS | un site Internet | une carte routière

parce que ______________________________

____

____

VOCABULAIRE

un GPS : un appareil ou une application qui permet des localisations grâce aux satellites.

39 Se déplacer de ville en ville par le train

A Le train

■ Les avantages du train : on peut aller partout | il permet d'aller à l'autre bout du monde | il ne pollue pas beaucoup | il consomme moins d'énergie | on peut lire pendant le voyage | il nous emmène directement à l'endroit voulu | il est rapide | les accidents sont rares | on peut partir quand on veut | on peut traverser la France

■ Les inconvénients du train : il faut parfois faire des changements | il est dangereux | il consomme beaucoup d'énergie | il y a des embouteillages | il n'y a pas des gares partout | on ne part pas quand on veut

B Le réseau

■ Il y a des gares partout | dans toutes les grandes villes | dans toutes les petites villes

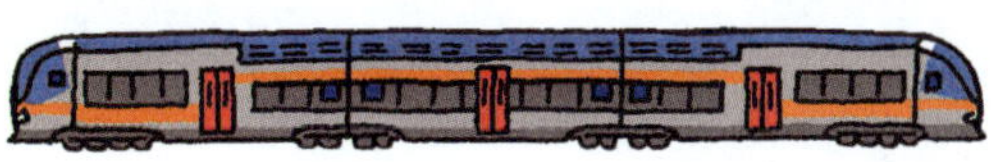

■ Je peux prendre le TER ou le RER pour aller de ____________________

à ____________________

■ Je peux prendre le TGV pour aller de ____________________

à ____________________

en ____________________

au ____________________

VOCABULAIRE

le RER : le Réseau express régional, c'est-à-dire le réseau des trains régionaux d'Île-de-France.

le réseau ferré : l'ensemble des voies de chemin de fer d'un lieu.

le TER : le train express régional, c'est-à-dire le réseau de trains d'une région de France.

le TGV : le train à grande vitesse, qui roule sur des voies spéciales à 320 km/h.

une voie ferrée : une voie de chemin de fer, une voie pour le train.

40 De grands travaux pour les transports

A Pour entretenir le réseau de transport

- À cause de l'usure, il faut régulièrement ______________________

- Quand il y a un accident, il faut ______________________

- En hiver quand il neige, il faut ______________________

- En été, il faut ______________________

B Agrandir et repenser les réseaux

- Il faut agrandir les réseaux de transport parce que ______________________

- On crée ______________________

- Pour franchir les montagnes, les fleuves et les mers, on ______________________

VOCABULAIRE

le bas-côté de la route: les bords d'une route, sur lesquels les piétons peuvent marcher et les voitures s'arrêter.

déneiger: retirer la neige pour éviter que l'on glisse dessus.

sabler: répandre du sable (parfois du sel) par grand froid pour empêcher la formation de gel glissant sur les routes, les trottoirs, les escaliers…

le verglas: une plaque de glace glissante et dangereuse.

41 Le boulevard périphérique à Paris

Dans ma ville/la ville près de chez moi

- Son nom : ______________________________
- Il y a [un boulevard périphérique] [un boulevard circulaire] [une rocade]

qui [fait tout le tour de la ville] [le tour d'une partie de la ville] [permet de contourner la ville]

- Il/elle fait ______ kilomètres de long.
- Ses avantages : ______________________________

____

____

____

- Ses inconvénients : ______________________________

____

____

42 SE DÉPLACER DE VILLE EN VILLE EN AVION

A L'avion

- Les avantages de l'avion : il permet d'aller partout | il permet d'aller à l'autre bout du monde | il permet d'aller à l'autre bout de la France | les accidents sont rares | il est rapide | on le prend au pied de chez soi | on peut se déplacer quand on veut
- Les inconvénients de l'avion : il faut parfois faire des changements | il est dangereux | il consomme beaucoup d'énergie | il y a des embouteillages | il pollue beaucoup | il coûte cher | il n'y a pas des aéroports partout

B Le réseau

- On trouve des aéroports dans ....

mais pas dans ....

- L'aéroport le plus proche de chez moi s'appelle ....

....

- Les aéroports sont installés à la périphérie des villes car ....

....

- Le réseau aérien français relie la France à ....

....

VOCABULAIRE

une aérogare : la partie d'un aéroport destinée à accueillir les voyageurs ou les marchandises.

un aéroport : un ensemble de pistes et d'aérogares pour le transport par avion.

une compagnie à bas coût : une entreprise de transport par avion qui propose des voyages à des prix très bas en faisant des économies sur les services (repas à bord, bagage…).

43 Choisir son moyen de transport pour aller de ville en ville

Pour aller d'un bout à l'autre de la France...

	la voiture	le TGV	l'avion
Le moyen de transport le plus pratique			

car ____

____

	la voiture	le TGV	l'avion
Les moyens de transport les plus rapides			

car ____

____

	la voiture	le TGV	l'avion
Le moyen de transport le moins cher pour une personne seule			
Le moyen de transport le moins cher pour une famille			

	la voiture	le TGV	l'avion
Le moyen de transport le plus respectueux de l'environnement			

car ____

____

	la voiture	le TGV	l'avion
Personnellement, je choisis			

car ____

____

44 Se déplacer dans le monde

A Dans les villes

	Dans les pays riches	Dans les pays pauvres
les routes	____________	____________
les trottoirs	____________	____________
les voitures	____________	____________
les taxis	nombreux, ____________ ____________	____________ souvent jaunes
les transports en commun	____________	____________
les autres véhicules	des scooters, des motos, dans certaines villes ____________	des scooters, des voiturettes tirées par des personnes à pied ou à vélo
la circulation	____________	____________
la pollution	plus ou moins importante selon les villes	____________

B Dans les campagnes

- Dans les pays riches, ____

____

____

VOCABULAIRE

un cyclo-pousse : une voiturette tirée ou poussée par un vélo ou un scooter.
un mototaxi : une moto ou un scooter qui fait le taxi.
une piste : une route de terre.
un taxi-brousse : une voiture ou un camion qui transporte des clients dans des endroits peu accessibles.

- Dans les pays pauvres, ____

____

____

____

45 FAIRE DE LA GÉOGRAPHIE AVEC INTERNET

Un site de géographie

- Nom du site Internet : ……………………………………

- Adresse : www. ……………………………………

- Ma recherche : …………………………………… OK

- Sur ce site, j'ai cliqué sur ……………………………………

……………………………………

……………………………………

- J'ai appris ……………………………………

……………………………………

……………………………………

……………………………………

……………………………………

……………………………………

46 À QUOI SERT INTERNET ?

A Trouver des informations

Exemples d'informations que je peux trouver sur Internet :

- ....
- ....
- ....

B Accéder à des services

Exemples de services que je peux utiliser sur Internet :

- ....
- ....
- ....

C Communiquer

Exemples de moyens de communication que je peux utiliser sur Internet :

- ....
- ....
- ....

VOCABULAIRE

un forum de discussion : un site Internet de discussion par écrit entre des personnes ayant un même centre d'intérêt.

un internaute : un utilisateur d'Internet.

mettre en ligne : rendre disponible sur Internet.

en streaming : en lecture directe, sans avoir à télécharger le fichier.

47 DES OUTILS POUR UTILISER INTERNET

Personnellement, j'utilise…

	Mon Internet
le navigateur que je préfère	chrome · Firefox · Opera · Safari · Internet Explorer …………………………………………
le moteur de recherche que je préfère	Google · YAHOO! · Qwant · DuckDuckGo · Bing ………………………………………… Ce moteur [collecte] [ne collecte pas] mes données. Il [me protège] [ne me protège pas] des contenus choquants.
une adresse électronique que je connais	…………………………………………
des applications que j'utilise parfois	………………………………………… …………………………………………
des réseaux sociaux que je connais	…………………………………………
des sites Internet que je consulte parfois	– une encyclopédie : …………………………… – des vidéos : …………………………… – …………………………… – ……………………………

48 COMMENT FONCTIONNE INTERNET ?

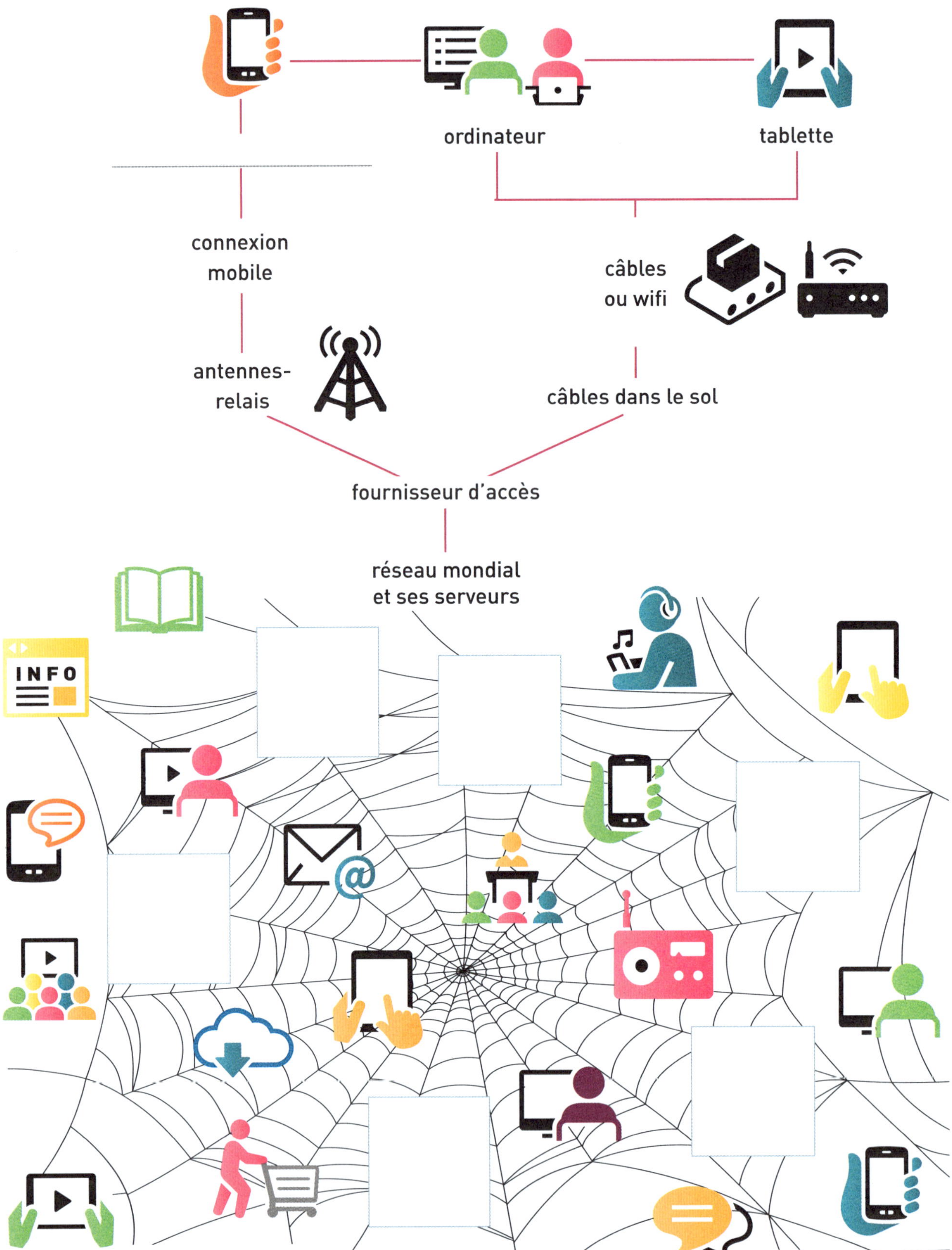

VOCABULAIRE

un fournisseur d'accès : une entreprise qui offre des services permettant de se relier à Internet.
la fibre : la fibre de verre qui permet la circulation très rapide des informations sur Internet.
un satellite : un engin lancé dans l'espace, qui tourne autour de la Terre.
un serveur : une machine qui contient des données informatiques et permet d'y accéder.
un smartphone : un téléphone mobile qui dispose de fonctions comme l'accès à Internet…
le très haut débit : un accès très rapide à Internet.

49 Internet, l'espace et le temps

A L'espace

	Les avantages	Les inconvénients
Internet et l'espace	Internet permet de voir des endroits à l'autre bout de la planète : par exemple, ____________	Internet ne remplace pas la réalité : par exemple, il ne permet pas ____________ Parfois, avec Internet, on se trouve côte à côte sans être ensemble.

B Le temps

	Les avantages	Les inconvénients
Internet et le temps	Sur Internet, on peut faire les choses à tout moment : par exemple, on peut ____________ Internet nous permet de communiquer en direct : par exemple, ____________	Internet n'efface pas les contraintes de temps : par exemple, il faut du temps pour ____________ **Quelques conseils** Communiquer en direct ne doit pas devenir une contrainte. Internet ne doit pas occuper tout notre temps libre.

50 Des habitants inégalement connectés en France

A Les personnes sans accès à Internet

- En France, ____ millions de personnes n'ont pas accès à Internet.

- Ce sont principalement :

– les personnes qui ne peuvent pas acheter ____________

– les personnes qui ne peuvent pas payer chaque mois ____________

– les personnes âgées, car ____________

B Le réseau en France

	Bien raccordé à Internet	Moins bien, mal raccordé ou pas raccordé du tout
les grandes villes		
les petites villes et les villages		
les montagnes		
les forêts		
la métropole		
l'outre-mer		

- Dans ma commune, mon quartier, Internet est absent | lent | rapide | très haut débit.

La couverture mobile est bonne | moyenne | mauvaise | absente.

- Un peu partout, de gigantesques travaux sont en cours pour améliorer la situation.

VOCABULAIRE

une démarche administrative : les actions pour obtenir un papier (par exemple, une carte d'identité), exercer un droit (les allocations familiales…) ou un devoir (payer ses impôts) auprès de l'administration.

le réseau mobile : le réseau téléphonique auquel se connectent les téléphones portables.

la technologie : les techniques modernes complexes.

51 DES HABITANTS INÉGALEMENT CONNECTÉS DANS LE MONDE

A Les personnes sans accès à Internet

- Dans le monde, ________ n'a pas accès à Internet.
- Les personnes sans accès à Internet se trouvent principalement ________

____

B Des causes multiples

l'absence de réseau Internet | l'absence de sites Internet | l'analphabétisme | la scolarité | la mode | la langue parlée | l'absence d'électricité | l'absence de réseau mobile | l'absence d'intérêt pour Internet

C Les conséquences

- Les personnes qui ne disposent pas d'Internet se retrouvent en marge du monde moderne :

par exemple, ________

____

____

- Pour réduire la fracture numérique, il faut ________

____

____

VOCABULAIRE

l'analphabétisme : le fait de ne savoir ni lire ni écrire.
une requête sur Internet : une demande, une recherche sur Internet.
la fracture numérique : la forte séparation entre les personnes qui ont accès à l'informatique et à Internet et les autres.
illettré·e : qui ne sait ni lire ni écrire.

52 QU'EST-CE QUE MIEUX HABITER ?

A Réduire les risques naturels

■ Les risques naturels dans ma région :

inondation | tempête | incendie de forêt | avalanche | séisme | éruption volcanique

autre : ……………………………………………………………………………

■ Pour les réduire, on peut ……………………………………………………………

……………………………………………………………………………………………

……………………………………………………………………………………………

……………………………………………………………………………………………

B Lutter contre le réchauffement climatique

■ Dans ma région, le réchauffement climatique ……………………………………

……………………………………………………………………………………………

■ Pour le réduire, il faut limiter les causes : …………………………………………

……………………………………………………………………………………………

……………………………………………………………………………………………

C Améliorer la qualité de vie

■ Dans ma région, pour améliorer la qualité de vie, on peut ……………………………

……………………………………………………………………………………………

……………………………………………………………………………………………

VOCABULAIRE

le bétonnage : le fait de construire avec du béton partout.
le bitume : le produit gris qui recouvre les routes.
une canicule : une période de plusieurs jours de forte chaleur.
la qualité de vie : le bien-être de la population, les conditions qui permettent ce bien-être.
les risques naturels : les dangers possibles en lien avec la nature (tempête, inondation…).
un séisme : un tremblement de terre.

53 MIEUX LOGER

A Lutter contre l'habitat indigne

- Dans ma commune, [il y a] [il n'y a pas] [je ne sais pas s'il y a] de l'habitat indigne :

[des bâtiments qui risquent de s'écrouler] [des habitations minuscules]

[des logements insalubres] [des gens qui vivent dans des garages, des caves…]

[des logements sans eau courante] [des bâtiments pleins de cafards ou de rats]

- Pour lutter contre l'habitat indigne, il faut ____________________

____

B Transformer les « quartiers »

- Dans ma commune, [il n'y a pas] [il y a] des « quartiers » ou des « cités ».
- Pour améliorer la vie dans les « quartiers », on ____________________

____

____

C Économiser l'énergie

- Dans les bâtiments, on a besoin d'énergie pour

- Pour consommer moins d'énergie, ____________________

____

____

____

____

VOCABULAIRE

défavorisé·e : qui n'est pas riche, qui est en marge de la société.
les énergies renouvelables : les énergies qui se renouvellent sans cesse (la lumière du soleil, la force du vent, le mouvement des marées…).
insalubre : qui est mauvais pour la santé, du fait notamment de l'humidité.
une pompe à chaleur : un système qui récupère la chaleur d'un lieu (par exemple, celle dans la terre).
la réhabilitation : le fait de remettre en état.
rénover : remettre à neuf.

54 55 DÉVELOPPER LA NATURE EN VILLE

A Les avantages de la nature en ville

végétation = barrière contre le ____________

végétation = moins de gaz carbonique et plus d'____________

végétation = moins de chaleur et plus de ____________

végétation = plus d'____________

végétation = ____________ de ruissellement

B Dans ma ville ou la ville près de chez moi

- Il y a des arbres | des squares | un ou des parcs | des parterres de fleurs | un bois | une forêt | des jardins ____________

____

- Pour augmenter les espaces verts, on aménage les berges du fleuve | plante des arbres | crée une « coulée verte » | végétalise les toits | développe l'agriculture urbaine

____

____

____

VOCABULAIRE

l'agriculture urbaine : l'agriculture dans la ville.
les berges d'un fleuve : les bords d'un fleuve.
la biodiversité : la diversité de la faune et de la flore.
la convivialité : les bonnes relations entre les personnes.
un jardin partagé : un espace vert que les habitants d'un quartier cultivent et dont ils profitent ensemble.

56 L'ARCHITECTURE VÉGÉTALE

A Végétaliser les bâtiments

- Des architectes utilisent la végétation pour améliorer l'habitat et le cadre de vie : ______________________

____

____

____

B Réinventer la ville

57 MIEUX CIRCULER

A Les mobilités douces dans ma commune

B Les voies dédiées dans ma commune

Pour favoriser la circulation des...	il y a...	on pourrait...
piétons		
trottinettes		
cyclistes		
véhicules électriques		

58 QUE FAIRE DE NOS DÉCHETS ?

A Trop de déchets

■ En France, un habitant produit près de ____ kg de déchets par an. Ce sont ______________________

____

____

B Le devenir des déchets

■ Les déchets ne se détruisent pas tout seuls, ou alors très lentement.

3 mois	ans		

■ Certains déchets sont toxiques : ____

C La collecte des déchets dans ma commune

■ Chez moi, je mets les déchets ____

____

■ Le ramassage des déchets ____

____

■ Pour les encombrants et les déchets dangereux, ______________________________

____

____

■ Dans les lieux publics, ______________________

____

____

VOCABULAIRE

biodégradable : que la nature peut détruire rapidement.

un conteneur : une grande caisse.

une décharge : un lieu où l'on se débarrasse des ordures, des déchets, des gravats…

une déchetterie : un lieu où l'on peut déposer des déchets pour qu'ils soient recyclés ou détruits.

les encombrants : les gros déchets (les vieux meubles, les appareils électroménagers…).

un lieu public : un espace accessible à tous.

59 60 Réduire et recycler les déchets

A Réduire les déchets

■ Il faut réduire les déchets car ______________________________

____

VOCABULAIRE

un centre de tri : un lieu, une usine qui récupère les déchets triés et les envoie vers des usines de recyclage.

composter : faire en sorte que des déchets végétaux pourrissent et se transforment en terre.

incinérer : brûler à très haute température pour transformer en cendres.

recyclable : dont les différentes parties peuvent être réutilisées.

B Trier et recycler

	Analyse	Ce que j'en fais
le papier, les journaux, les boîtes en carton	papier/carton	je le mets dans le conteneur
les briques de jus, de lait	papier/carton	je le mets dans le conteneur
les bouteilles en plastique	plastique recyclable	je le mets dans le conteneur
les bouteilles et les pots en verre	verre	je le mets dans le conteneur
les boîtes de conserve	métal	je le mets dans le conteneur
les canettes	métal	je le mets dans le conteneur
les épluchures, les feuilles	déchets verts	______________________
les sacs pour emballer	plastique	je peux les laver et les réutiliser
les piles	produits chimiques dangereux	je les rapporte ______________
les appareils électriques	mélange de matériaux	
les médicaments	produits chimiques	je les rapporte ______________
le reste, y compris pots de yaourt, barquettes...	divers	je le mets dans le conteneur

■ Pour réduire mes déchets, je peux ______________________________

■ Dans ma commune, les déchets vont ______________________________

	Cela part... 	Cela permet de fabriquer
	au centre de tri	
	on les traite pour ôter tout danger	certains matériaux et certaines pièces sont recyclés

61 Mieux vivre ensemble

A Faciliter la vie de tous

Dans mon quartier, ma commune, pour les personnes handicapées :

Il y a...	Il faudrait aussi...
des trottoirs abaissés pour les fauteuils roulants	
des rampes d'accès	
des guichets à la bonne hauteur	
des accès facilités dans les bus	
un ascenseur pour accéder au métro	
des places de stationnement réservées	
des feux tricolores sonorisés	

B Garder la ville propre

Pour garder ma commune, mon quartier propre, je m'engage à

- jeter mes déchets dans les poubelles publiques
- respecter les espaces verts
- respecter le mobilier urbain
- ne rien jeter par terre
- ramasser les saletés de mon chien
- ne pas taguer les murs
- ne pas mettre mes pieds sur les sièges dans les transports en commun

C Vivre ensemble

Pour rendre la vie quotidienne plus agréable dans ma commune, mon quartier, je peux

VOCABULAIRE

un feu tricolore sonorisé : un feu tricolore qui émet des sons pour indiquer aux personnes non voyantes quand traverser.

le mobilier urbain : l'ensemble des équipements installés dehors, dans les lieux publics, pour l'usage de tous (par exemple, les bancs, les fontaines, l'éclairage des rues…).

une rampe d'accès : un passage en pente qui permet aux fauteuils roulants de monter et descendre.

62 HABITER UN ÉCOQUARTIER

Les caractéristiques d'un écoquartier

■ Dans un écoquartier, il y a une population variée en âge et en niveau de richesse, des équipements, des espaces verts, des solutions pour faire des économies d'énergie, des mobilités douces.

63 Le respect et la discrimination

DISCRIMINATION

A La tolérance

- La tolérance est le fait d'accepter les autres comme ils sont, en respectant leurs différences.

Par exemple, ...

- L'intolérance est le fait ...

Par exemple, ...

B Les discriminations

- La discrimination consiste à ne pas respecter les droits d'une personne à cause de son apparence, son origine, son mode de vie ou ses choix de vie.

Par exemple,

refuser de donner un emploi à une personne parce qu'elle est noire

ne pas donner une bonne note à un élève quand son travail est raté

refuser d'inscrire un élève à l'école parce que sa mère est mariée avec une femme

ne pas inviter une camarade à mon anniversaire parce qu'on n'est pas amies

empêcher un élève de jouer au basket parce qu'il porte des lunettes

- La loi interdit la discrimination car ...

VOCABULAIRE

des croyances : ce à quoi l'on croit, les idées, la religion…
la discrimination : le fait de traiter quelqu'un moins bien que les autres et de ne pas respecter ses droits.
l'intolérance : le fait de ne pas accepter les autres avec leurs différences.
la tolérance : le fait d'accepter les autres comme ils sont, en respectant leurs différences.
tolérant·e : qui accepte les autres avec leurs différences.

64 Le racisme

A Le racisme

- Le racisme consiste à rejeter une personne du fait de :

– son apparence physique, par exemple ______________________

____

– son origine, par exemple ______________________

____

– ses croyances, par exemple ______________________

____

- La xénophobie consiste à ______________________

____

B Les formes de racisme

- Le racisme, c'est quand on traite quelqu'un différemment des autres à cause de ______________________

____

- Pourtant, les humains appartiennent tous à la même humanité : les races humaines n'existent pas.

C Agir contre le racisme

- La loi interdit le racisme.
- Chacun doit se mobiliser contre le racisme : par exemple, ______________________

____

____

____

____

VOCABULAIRE

immigré·e : qui vient d'un autre pays et s'est installé dans le nôtre.

le racisme : le rejet de certaines personnes du fait de leur apparence, de leur origine ou de leurs croyances.

la xénophobie : le rejet des étrangers.

65 Le sexisme

A Le sexisme

- Le sexisme est ……

- Des exemples de paroles sexistes : ……

- Des exemples d'actes sexistes à l'école : ……

- Des exemples d'actes sexistes de la part des adultes : ……

- Les principales victimes du sexisme : les femmes et les filles | les hommes et les garçons

B Agir contre le sexisme

- En France, la loi ……

- Les femmes ont le droit de choisir leur mari | ne pas se marier | demander le divorce | avoir des enfants | ne pas avoir d'enfants | déménager dans une autre ville | faire des études | avoir un métier | choisir leur métier | devenir médecin | devenir astronaute | devenir garagiste | devenir footballeuse professionnelle | voter | devenir députée | devenir ministre | devenir colonelle | devenir cheffe d'entreprise | partir en voyage

VOCABULAIRE

le sexisme : le rejet des personnes de l'autre sexe.

66 Le handicap

A Les handicaps

- Des exemples de handicaps : ____________________

____

____

B Faciliter la vie des personnes avec un handicap

Dans l'école	ses difficultés	ce que l'on peut faire

- Dans le quartier de l'école, il y a des personnes ____________________
- Elles ont du mal à ____________________
- On pourrait ____________________

____

____

- En France, la loi interdit les discriminations envers les personnes avec un handicap.
- Personnellement, je m'engage à ____________________

____

____

VOCABULAIRE

un handicap : une limitation du corps ou de l'esprit qui gêne ou empêche de faire certaines activités (voir, entendre, parler, se déplacer, apprendre…).

intégrer : permettre à quelqu'un de faire partie du groupe.

mental (mentaux) : qui concerne l'esprit, les capacités du cerveau.

scolarisé·e : qui va à l'école.

67 Le harcèlement

A Le harcèlement

- Le harcèlement est ______

______

______

______

- Le harcèlement se manifeste par ______

______

______

Les acteurs	leur situation	leur attitude
le ou les harceleurs	ils harcèlent	ils font cela pour se sentir plus forts
la ou les victimes	______	elles se sentent ______ ______
les témoins	______	______ ______

B Agir contre le harcèlement

- Le harcèlement est grave car ______

______

______

- Pour arrêter le harcèlement, ______

______

______

______

VOCABULAIRE

le harcèlement : une violence exercée contre une ou plusieurs personnes de manière répétée.

68 La violence

A La violence

Les formes de violences	Exemples
la violence physique	
la violence verbale	
d'autres formes	

- Toute violence est interdite.
- La violence est souvent un engrenage :

il y a un conflit → j'ai l'impression de ne pas être respecté

le conflit augmente

cela le met en colère

cela me met en colère, je deviens agressif

l'autre a l'impression de ne pas être respecté

le conflit augmente

B Agir contre la violence

- Pour arrêter un conflit qui commence et éviter la violence, ……

VOCABULAIRE

un engrenage : une situation qui en entraîne une autre puis une autre.

un médiateur, une médiatrice: un arbitre, une personne qui est là pour trouver une solution aux désaccords.

le racket : le fait d'obtenir quelque chose par la menace.

69 Le secours à autrui

A Savoir réagir

	comment réagir	pour quelle raison
règle n° 1	rester calme	
règle n° 2	se protéger	
en cas de petite blessure	nettoyer, désinfecter	
en cas d'accident plus grave	ne pas bouger le blessé, ne pas lui donner de médicament	
	appuyer sur une plaie qui saigne	
	appeler un adulte	
	toujours laisser quelqu'un avec le blessé et le rassurer s'il est conscient	

B Évaluer la situation, appeler les secours 112 SOS

- Bonjour, je m'appelle ………………………… et j'ai ……… ans.
- Je suis victime / témoin d'un accident. J'ai besoin d'aide.
- Je me trouve à tel endroit : la ville, l'adresse, …………………………

…………………………

- La personne blessée : son nom, son âge, son état

Par exemple, …………………………

- Ce qui s'est passé

Par exemple, …………………………

…………………………

- Attendre que les secours raccrochent.
- Attendre avec le blessé l'arrivée des secours.
- Ne pas les gêner dans leur travail.

VOCABULAIRE

inconscient·e : qui ne réagit plus, qui ne répond plus.
un témoin : une personne qui voit ou qui entend quelque chose et peut le raconter.
un traumatisme : une blessure pas forcément visible (par exemple, une fracture).
une victime : une personne blessée ou insultée.

70 LES DROITS ET LES DEVOIRS DE LA PERSONNE ET DU CITOYEN

A Quelques-uns de mes droits

- J'ai le droit ______________________________

____

B Quelques-uns de mes devoirs

- En contrepartie de mes droits, j'ai le devoir ______________________________

____

C Les grandes déclarations des droits

- La Déclaration des droits de l'homme et ______________ date de ______________

Elle concerne ______________________________

- La Déclaration universelle des ______________ date de ______________

Elle concerne ______________________________

Article 1. Tous les êtres humains naissent ______________________________

Ils doivent agir les uns envers les autres dans un esprit de ______________________________

- Ces déclarations proclament des droits fondamentaux comme ______________________________

____

VOCABULAIRE

un·e citoyen·ne : une personne qui a des droits et des devoirs envers son pays.

le niveau de vie : l'argent dont on dispose pour vivre.

71 Les valeurs de la République : la liberté

A La liberté

- Liberté est le ________ mot de la devise républicaine.
- En France, chaque citoyen est libre de ____

____

____

____

- Mais la liberté des uns s'arrête ____

____

B Le choix, la responsabilité

- L'histoire de la chèvre de Monsieur Seguin nous fait comprendre que ____

____

On me demande de...	pour...
ne pas me coucher tard	ne pas être fatigué(e)
manger des fruits et des légumes	________________
________________	________________
________________	________________ ________________
________________	________________
________________	________________

72 LES VALEURS DE LA RÉPUBLIQUE : L'ÉGALITÉ

A Tous égaux

- Égalité est le ____________ mot de la devise républicaine.
- Nous sommes tous égaux, c'est-à-dire que ____________

____

____

- Nous sommes notamment égaux devant la loi : ____________

____

____

B L'égalité à défendre

- Pour une meilleure égalité entre tous dans la classe et dans l'école, on pourrait :

laisser plus de place dans la cour pour les jeux des filles | mieux se partager les tâches

ne pas se moquer de ceux qui se trompent | laisser chacun répondre à son tour

aider ____________ à ____________

faire un tour de rôle pour ____________

____

____

- Pour une meilleure égalité entre tous en France, il faudrait :

que les femmes et les hommes se partagent mieux les tâches à la maison

qu'il y ait moins de racisme

qu'il y ait moins d'homophobie

que tout le monde soit plus tolérant

____

____

____

VOCABULAIRE

l'homophobie : l'hostilité envers les homosexuels du fait de leurs choix amoureux.

un juge : une personne chargée de sanctionner ceux qui ne respectent pas la loi.

un privilège : un avantage réservé à quelques personnes.

73 Les valeurs de la République : la fraternité et la solidarité

A La fraternité

- La fraternité est ____________________

____

- Fraternité est le __________ mot de la devise républicaine.
- Dans la devise républicaine, Fraternité signifie __________

____

____

____

B La solidarité

- Être solidaire, c'est ____________________

____

- La solidarité est le contraire de ____________________
- Des exemples de solidarité : ____________________

____

____

VOCABULAIRE

la fraternité : le lien de solidarité et d'amitié existant entre les êtres humains.
l'individualisme : l'attitude qui consiste à se préoccuper surtout de soi-même et peu des autres.
solidaire : qui se sent lié à d'autres personnes.
la solidarité : la relation entre des personnes qui les pousse à s'aider mutuellement.

74 La solidarité nationale

A La protection sociale en France

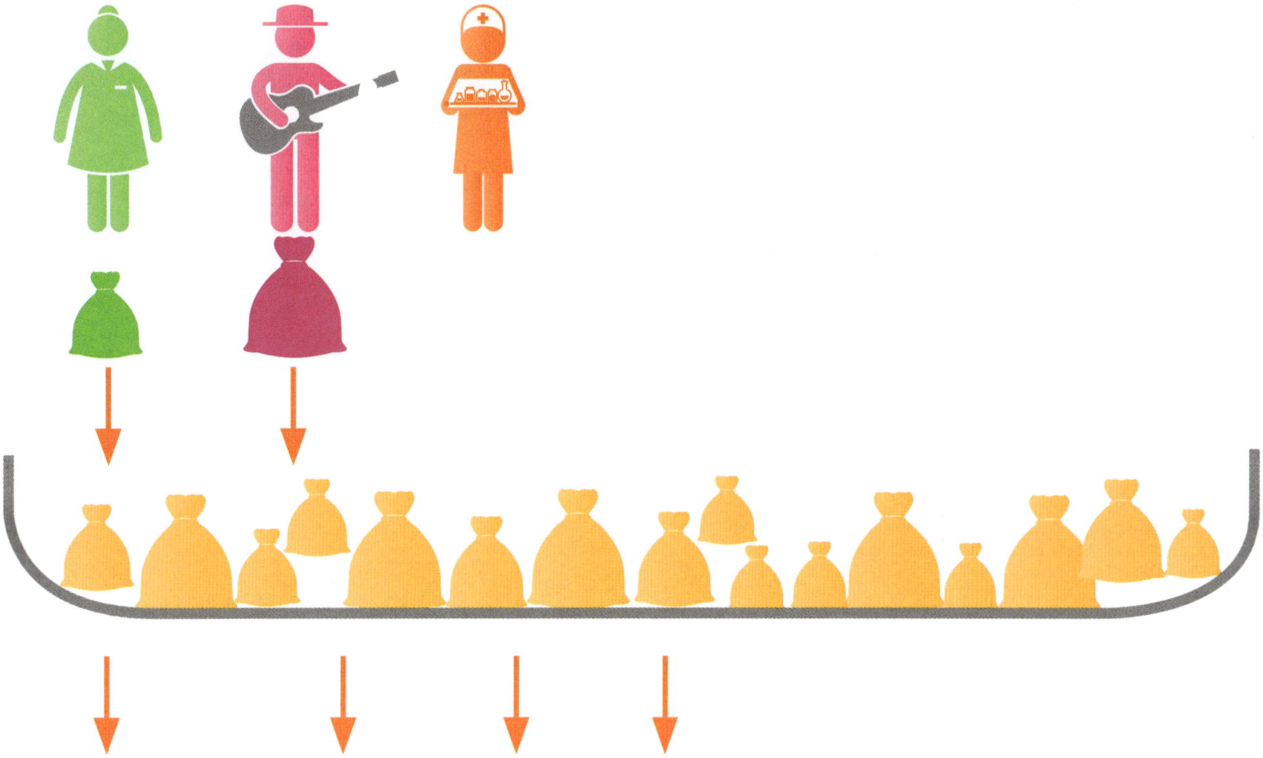

les malades · les handicapés · les retraités · les familles · les chômeurs · les personnes pauvres

B La solidarité bénévole

- En France, 10 millions de personnes vivent en dessous du seuil de pauvreté.
- Des associations leur viennent en aide.

Par exemple, ______________________

____

____

____

____

VOCABULAIRE

une association : un groupe de personnes qui agissent ensemble de manière bénévole (sans être payées) dans un but commun.

une cotisation : l'argent que l'on verse pour une dépense commune.

les prestations sociales : l'argent que l'on reçoit à titre d'aide.

la protection sociale : la protection organisée pour les malades, les personnes âgées, les chômeurs…

le seuil de pauvreté : le niveau d'argent en dessous duquel on ne vit pas correctement.

75 La solidarité internationale

A Des populations en souffrance

- Dans le monde, des centaines de millions de personnes sont victimes de

- Elles rencontrent alors de graves difficultés :

B Tous concernés

- Par rapport aux populations en souffrance, on peut :

– faire preuve d'empathie :

– donner de son temps comme bénévole :

– donner de l'argent :

VOCABULAIRE

l'aide humanitaire : l'aide apportée aux personnes qui souffrent de catastrophes naturelles, de guerres, de famines…

l'empathie : la capacité à comprendre les sentiments des autres.

une famine : l'absence totale de nourriture.

insalubre : qui est mauvais pour la santé.

une ONG : une organisation non gouvernementale qui fait de l'aide humanitaire.

la misère : la grande pauvreté.

réfugié·e : qui a fui dans une autre région.

76 LES INSTITUTIONS FRANÇAISES (1)

A Les grands principes

- La France est une république : Il n'y a ni reine ni roi.
- La France est une république laïque : Les citoyens et les citoyennes peuvent croire en ce qu'il veulent.
- La France est une démocratie : Les citoyens et les citoyennes ont le pouvoir et ils décident de la manière dont ils veulent vivre.
- La France est une démocratie représentative : Les habitant sont très nombreux, donc ils élus des représentants.

- En France, les représentants sont :

conseillères et conseillers municipaux •	
conseillères et conseillers régionaux • ———	• élues et élus
députées et députés •	• désignés
ministres •	• sélection par concours
président ou présidente de la République •	
juges •	

B La loi

- La loi est la même pour toutes et tous.
- La loi fondamentale, qui explique comment le pouvoir est organisé, s'appelle

VOCABULAIRE

une Constitution : la loi fondamentale qui organise la vie en commun dans un pays.
la démocratie : l'organisation d'un pays dans lequel le pouvoir appartient aux citoyennes et aux citoyens.
les institutions : les groupes de personnes qui ont le pouvoir dans un pays.
la loi : l'ensemble des règles qui organisent la vie d'un pays.
une république : l'organisation d'un pays dans lequel le pouvoir appartient au peuple et n'est pas héréditaire.

77 Les institutions françaises (2)

A Le pouvoir

- En France, le pouvoir appartient ______
- Celui-ci confie le pouvoir à ______
- Le pouvoir est partagé entre eux, de façon que ______

B Le pouvoir législatif

- Le pouvoir législatif consiste à ______
- En France, il est confié :

______ et ______

C Le pouvoir exécutif

- Le pouvoir exécutif consiste à ______
- En France, il est confié  ______

et  ______

D Le pouvoir judiciaire

- Le pouvoir judiciaire consiste à ______

______

- En France, il est confié  ______

78 La sécurité et le service de tous

A Les pompières et les pompiers

- En France, il y a ______ pompières et pompiers : des professionnels et des volontaires.
- Leur mission : secourir les personnes en danger

en cas ______________________________

- Parfois, ils risquent leur vie pour sauver les autres.

B La police et la gendarmerie

- Il y a aussi ______ gendarmes, policières et policiers.
- Leur mission : permettre à chacun de vivre en toute tranquillité, sans craindre pour sa vie ou pour ses biens.

Par exemple, ______________________________

____

____

____

VOCABULAIRE

le Code de la route : l'ensemble des règles concernant la circulation dans la rue et sur la route.

patrouiller : effectuer des rondes pour surveiller et assurer la sécurité d'un lieu.

la sécurité : l'absence ou le faible risque d'accidents.

la sûreté : le fait de n'avoir rien à craindre.

un volontaire : une personne qui se propose pour accomplir une mission.

79 LES VALEURS DE L'UNION EUROPÉENNE

A L'Union européenne

- L'Union européenne rassemble ___ pays d'Europe, parmi lesquels : ____________________

____

____

B La paix

- Le but premier de l'Union européenne est de garantir la paix sur le continent, car ____________

____

____

C Les droits humains et la démocratie

- L'Union européenne défend les droits humains : ____________________

____

- L'Union européenne défend également la démocratie : ____________________

____

D La solidarité

- Les pays membres de l'Union européenne pratiquent la solidarité entre eux.

Par exemple, ____________________________________

____

____

VOCABULAIRE

une catastrophe naturelle : une catastrophe provoquée par la nature (une tempête, une inondation, un tremblement de terre…).
la diversité : un ensemble de choses, de personnes, de pays différents.
humaniste : qui met l'être humain au centre de ses préoccupations.
les pays membres : les pays qui font partie.

80 Les symboles de l'Union européenne

A Le drapeau européen

- Le drapeau européen est ______________________

avec ______________________________________

disposées en cercle.

B La devise européenne

C La journée de l'Europe

La journée de l'Europe a lieu le ______________________________________

D L'hymne européen

L'hymne européen est ______________________________________

81 Les institutions et la citoyenneté européenne

A Les institutions européennes

- Les citoyennes et les citoyens européens élisent ____________
- Les députées et les députés votent ____________
- Des commissaires ____________
- Une Cour de Justice ____________

B La citoyenneté européenne

- Les Françaises et les Français ont :

– la citoyenneté française : ____________

____

____

____

____

____

– la citoyenneté européenne : ____________

____

____

____

____

____

____

VOCABULAIRE

un·e candidat·e : une personne qui se propose pour une élection, un emploi, un examen.
un juré : un citoyen à qui l'on demande de participer à un procès pour donner son avis.
la nationalité : le lien entre un individu et son pays.
un visa, un permis de séjour : une autorisation d'entrée ou de séjour dans un pays.

82 L'INTÉRÊT PERSONNEL ET L'INTÉRÊT COLLECTIF

A L'intérêt personnel et l'intérêt collectif

	Ma motivation personnelle	L'intérêt collectif
J'apporte mes affaires à l'école	....	....
À la récréation, je	....	....
Je cède ma place	....	....
....	....	....

B Des conflits d'intérêts

- Parfois, il faut sacrifier son intérêt personnel pour l'intérêt collectif : par exemple, ...

....

....

....

VOCABULAIRE

un conflit d'intérêts : l'opposition entre les intérêts de plusieurs personnes, ou entre des intérêts personnels et l'intérêt collectif.

l'intérêt collectif : ce qui est avantageux pour le groupe.

l'intérêt personnel : ce qui est avantageux pour soi-même.

83 Les valeurs personnelles et les valeurs collectives

A Le jugement de valeur

- Pour porter un jugement, je m'appuie sur mes valeurs.
- Si je prends une décision contraire à mes valeurs, ____________________

____
- Si je prends une décision conforme à mes valeurs, ____________________

____

B Les valeurs collectives et les valeurs personnelles

- Quelques valeurs collectives : ____________________

____

____
- Quelques-unes de mes valeurs personnelles : ____________________

____

____
- Je cherche à découvrir et comprendre les valeurs des autres.
- Parfois, il y a un conflit entre nos valeurs : par exemple, ____________________

____

____

84 Le jugement moral : la vérité et le mensonge

A Le mensonge et ses conséquences

- Se tromper, c'est ______________________________

____

- Mentir, c'est ______________________________

____

- Le mensonge a toujours des conséquences négatives : par exemple, on risque ______________________________

____

____

B La vérité

- La vérité est une valeur commune.
- Quand on ne sait pas la vérité, mieux vaut

____

____

____

VOCABULAIRE

une calomnie : une parole ou un texte mensonger qui nuit à la réputation de quelqu'un.

la diffamation : une information mensongère qui donne une mauvaise image d'une personne.

un mensonge : une affirmation qui est volontairement fausse.

85 Le jugement moral : le juste et l'injuste

A L'injustice

- Tous, nous partageons le sentiment de l'injustice et nous préférons la justice : par exemple,

B La justice

- La justice est le contraire de l'injustice :
- La justice est aussi le pouvoir

VOCABULAIRE

demander justice : demander l'aide d'un juge pour faire valoir un droit.

rendre la justice : juger.

86 Le jugement moral : le courage et la lâcheté

A Le courage de se battre

- Tous, nous admirons les personnes qui se montrent courageuses.

Nous n'aimons pas la lâcheté.

- Mais, dans notre société, on nous demande de régler pacifiquement les conflits.

B D'autres formes de courage

- On peut montrer son courage sans se battre : par exemple, ……………………………………

……………………………………………………………………………………………………

……………………………………………………………………………………………………

……………………………………………………………………………………………………

……………………………………………………………………………………………………

……………………………………………………………………………………………………

……………………………………………………

……………………………………………………

VOCABULAIRE

la lâcheté : le manque de courage.
pacifiquement : dans la paix.

87 L'ENGAGEMENT

A S'engager

- Des citoyennes et des citoyens créent des associations pour améliorer la vie quotidienne.
- Ces associations fonctionnent grâce au temps des bénévoles et aux dons en argent.
- Personnellement, je me suis engagé/engagée ou je voudrais m'engager :

B Respecter ses engagements

- S'engager, c'est ______________________________
____
- Ensuite, il faut respecter ses engagements : sinon, ______________________________
____
____
- Avant de m'engager, je réfléchis pour ______________________________
____
____
____

VOCABULAIRE

un engagement : la promesse de faire quelque chose.
s'engager : faire une promesse.
se porter volontaire : se proposer pour faire quelque chose.
une responsabilité : une obligation que l'on doit assumer car on s'est engagé.

88 S'engager contre la pollution

A La pollution de l'air

- Je m'engage contre la pollution de l'air. Pour cela, je

B La pollution de l'eau

- Je m'engage contre la pollution de l'eau. Pour cela, je

C Les autres pollutions

- Je m'engage contre d'autres formes de pollution :

– pour mes déchets, je

– pour préserver mon quartier,

– pour éviter la « pollution sonore », je

VOCABULAIRE

biodégradable : qui peut être détruit par la nature.
l'épuration : le nettoyage, la purification.
le réchauffement climatique : la montée des températures partout dans le monde, du fait des gaz émis par les véhicules et les usines.
le vandalisme : le fait de détruire pour le plaisir.

89 S'engager contre le gaspillage

A Économiser l'eau

- J'économise l'eau :

B Économiser l'énergie

- J'économise l'énergie :

C Savoir renoncer

- Pour devenir un consommateur responsable :

– dans un magasin, quand on me propose un sac, je peux ____________________

____

– même si j'ai très envie d'un ____________________

je peux ____________________

____

____

____

VOCABULAIRE

économiser : utiliser ou dépenser avec modération, ne pas gaspiller.

le gaspillage : le fait de consommer trop, de dépenser inutilement.

un produit durable : un produit que l'on peut utiliser longtemps, quitte à le recharger, l'inverse d'un produit jetable.

un produit recyclable : un produit dont les différentes parties peuvent être réutilisées pour fabriquer de nouveaux produits.

90 LE JUGEMENT CRITIQUE FACE AUX MÉDIAS ET À INTERNET

Sélectionner, vérifier l'information, se faire sa propre opinion

	Mes idées, mes engagements
La diffamation et l'information qui porte atteinte à la vie privée sont interdites.	Si je vois une information qui ne respecte pas cela, je ______________________________
Ce n'est pas parce qu'une information est donnée par les médias qu'elle est vraie.	Je me demande : ______________________________
Quand j'ai un doute sur une information…	Je ______________________________
Je me fais ma propre opinion.	Quand j'entends une information, je me demande : ______________________________ Je me rappelle que j'ai le droit de ne pas être d'accord.

VOCABULAIRE

une atteinte à la vie privée : des indiscrétions sur la vie privée d'une personne.

un jugement critique : le jugement, l'opinion que l'on porte après avoir réfléchi.

un média : un moyen d'information (journal, radio, télévision, Internet…).

objectif, objective : qui est neutre, juste, et ne cherche pas à influencer.

91 Les réseaux sociaux : enjeux et dangers

Mes règles de prudence sur les réseaux sociaux

Les risques	Mes règles de prudence
Les réseaux sociaux cherchent à me connaître.	Je
Les réseaux sociaux ne me montrent que ce qu'ils veulent.	Je
Je ne suis pas sûr que les « amis » sur les réseaux sociaux sont les mêmes que dans la vie.	Je
Je dialogue avec des gens que je ne connais pas.	Je
Il peut y avoir des choses choquantes sur les réseaux sociaux.	Je
Les réseaux sociaux gardent les informations pour toujours.	Je
	Je
	Je

92 Le numérique, la vie privée : mes droits et ceux des autres

A Ma vie privée

■ Sur Internet et les réseaux sociaux, il est difficile de faire respecter sa vie privée

car ……………………………………………………………………………………

B Mon identité numérique

Sur Internet et les réseaux sociaux, j'évite de donner…	car…
mon nom, celui de mes parents…	
le nom de mon chien	
mon adresse, ma photo	
mes empreintes digitales, ma voix	
mes goûts	

C Les droits des autres

■ Sur Internet et les réseaux sociaux,

- je ne publie jamais de photos des autres
- je demande leur accord avant de publier des photos des autres
- je me montre poli
- je ne raconte pas la vie privée des autres
- je peux dire des gros mots, personne ne le saura
- je ne me montre pas agressif
- j'ai le droit d'être agressif si je dois me défendre
- je ne harcèle pas les autres
- je ne télécharge pas des films gratuitement : c'est du vol

93 Le numérique et ma santé

A Je protège ma santé

Les précautions que je prends avec les outils numériques	
dans la rue	Je ……
pour mes yeux	Je ……
pour mes oreilles	Je ……
pour mon squelette, mes muscles	Je …… ……
pour mon poids	Je …… ……
pour mon sommeil	Je …… ……
pour mon cerveau	Je …… …… …… ……
pour mes relations avec les autres	Je …… ……
pour ma participation à d'autres activités	Je …… ……
	Je …… ……

94 Le code de la route : le cycliste

A Avant de prendre la route

- Pour ma sécurité, avant de prendre la route, je vérifie :

les pneus | la propreté de mon vélo | le frein avant | le frein arrière | les autocollants sur la selle | l'éclairage avant | l'éclairage arrière | la béquille | la sonnette

- Pour me protéger, je porte ____________________

B Sur la route

- Je roule toujours bien droit | S'il n'y a pas de voiture, je peux faire des zigzags
- Je tiens toujours le guidon | Je peux lâcher le guidon s'il n'y a pas de voitures
- Je respecte le Code de la route | Le Code de la route, c'est pour les voitures
- Je serre à gauche | Je serre à droite
- Je reste près des véhicules devant moi | Je garde mes distances avec les autres véhicules
- Je ne double jamais un camion par la droite
- Pour tourner,

1. je vérifie qu'aucune voiture n'arrive devant, derrière ou sur les côtés
2. j'indique que je vais tourner avec ____________________
3. je tourne en faisant attention.

- Je fais particulièrement attention :

– Quand je double des voitures stationnées, je surveille ____________________

____

– Quand je passe devant une sortie de garage, je vérifie ____________________

____

– Quand il y a des piétons sur le trottoir, je surveille ____________________

____

95 LE CODE DE LA ROUTE : LE PASSAGER D'UN VÉHICULE

A Dans la voiture

- J'attache TOUJOURS ma ceinture de sécurité.
- J'ai [moins de 10 ans] [10 ans ou plus],

[je m'assieds à l'arrière] [je peux m'asseoir devant mais je suis plus en sécurité derrière]

- Je mesure [moins d'1 m 35] [1 m 35 ou plus],

[je m'assieds obligatoirement sur un réhausseur] [je peux m'asseoir directement sur le siège]

- Pendant qu'on roule, [je peux montrer ma main blessée au conducteur]

[je dois me taire] [je me tais si le conducteur le demande] [je peux pousser des cris]
[je peux demander au conducteur de me passer un bonbon] [je peux parler au conducteur]
[je peux montrer au conducteur une vache et son petit dans un champ]

- Quand la voiture s'arrête :

– j'attends qu'on me le dise pour ....

– si je descends seul, je le fais toujours du côté ....

– avant d'ouvrir la portière, je vérifie ....

– avant de fermer la portière, je vérifie ....

B Dans les transports en commun

- Dans un car, un bus, un tramway ou un métro, priorité à ceux [qui montent] [qui descendent]
- Pendant le trajet, je ....

....

....

....

- Après être descendu, je ne traverse pas tant que ....

....

Achevé d'imprimer par Loire Offset Titoulet à Saint-Etienne - France
Dépôt légal : 05353-3/01 - Février 2019